Impressum

Original title: *Libelle Basiswoonboek*. Translated from the Dutch language
www.lannoo.com

Verlag Georg D. W. Callwey GmbH & Co. KG
Streitfeldstr. 35
D-81673 München
www.callwey.de
E-Mail: buch@callwey.de

Die Deutsche Nationalbibliothek verzeichnet diese Publikation in der Deutschen Nationalbibliografie; detaillierte bibliografische Daten sind im Internet über <http://dnb.d-nb.de> abrufbar.

ISBN: 978-3-7667-1857-0

Text: Eva De Geyter und Tine Verdickt
Layout: Kirsti Alink

Umschlaggestaltung: independent Medien-Design, München
Übersetzung aus dem Belgischen: Ulrike Sawicki, Köln
Lektorat und Satz: Textilien. Lektorat und Producing Barbara Delius, Berlin
Druck und Bindung: Printer Trento, Italien

Printed in Italy

Bildnachweis: Karel Daems: 4, 8, 9, 19 u., 27, 36, 38, 39 o.re., 43, 63, 76, 79, 85, 94, 96, 97 u., 106 re., 115, 118, 119 li., 127, 137, 142 u., 144, 146, 148, 149, 150, 153, 155 • Stefan Jacobs: 10, 16, 30, 37 re., 39 u., 44, 54 u., 65, 68, 74 u., 75, 81 o., 82 u., 84, 92, 93, 95 u., 101 o., 102, 119/154, 130/145, 151 • John Dummer: 10, 21, 42 u., 48, 49, 52, 81, 100 • Yves De Lobelle: 11 • Luc Roymans: 12, 18, 37 o., 41, 45 o., 50, 54 o., 62, 80, 86, 108, 109, 116, 124, 133, 134, 136 u., 140, 141 li., 143 • Peter Schoemans: 13, 72, 117, 141 re., 152 • Lykke Foged (Styling), Niels Harving, Morten Holtum (Fotografie): 14, 23, 24, 25, 28, 29, 34, 35, 51 u., 56/66, 59, 64, 74 o., 90/101, 95 o., 97 o., 98, 105, 110, 112, 114, 122, 125, 129, 135 o., 142 o. • Louis Lemaire: 17, 20, 46, 61, 67, 78, 83, 88, 135 u., 138 • Bieke Claessens: 19 o., 22, 26, 31, 45 u., 51 o., 53, 55, 58, 60, 69, 70/82, 87, 73, 77, 89, 99, 103, 104, 106 li., 107, 113, 120, 121, 123, 126, 128, 132, 136 o., 139, 151 u. • Karl Bruninx: 40 • Dennis Brandsma: 32, 42
Dank an: Ann Collier: 104 • Bart Coenen, Architekt: 140 • Bart Lens, Architekt: 31, 60 u., 128 • Bart Waasdorp, Inneneinrichter, hal2: 55, 106 li. • Bob & Cortney Novogratz: 134 • Bruno Haenen, www.brunohaenen.be: 143 • Coka: 70, 89, 126 • Fatboy: 26, 45 unten, 53, 69 u., 77, 103, 136 o., 139 • Feel@home: 87, 107 • Filip Janssens, www.filipjanssens.be: 18, 45 o., 50, 55 o., 86, 109, 116 • Gert Willemen, www.art men.be: 54 u., 68 u. • Home of Obss.: 113, 120 o. • Ken Dupont, Architekt: 19 o., 51 o., 73 • Kjaer Global, www.kjaerglobal.com: 56/66 • Nancy Cool: 123 • Tine Loncin, Innenarchitekt, www.tineloncin.be: 102 • Tom Callebaut, www.tcct.be: 133, 141 li. • Villa Hektor, Entwurf und Realisierung Flamant: 22 • B&B le canard à trois pattes: 58 • Pascale François: 132 • Young budget homes: 145

CALLWEY

BasicWohnbuch

BasicWohnbuch

CALLWEY

Inhalt

Was ist Ihr Stil?

Eine schöne Wohnung ist für Sie vielleicht etwas ganz anderes als für Ihre Mutter oder Ihre beste Freundin. Aber eines gilt für Sie alle: **Schön zu wohnen bedeutet, sich zu Hause zu fühlen, einen Ort zu haben, an dem Sie zur Ruhe kommen und wo Sie ganz Sie selbst sind.**

Ihre Wohnung wird nicht automatisch schön, wenn Sie eine Abbildung aus einem Katalog nachstellen oder das gleiche Sofa kaufen, das bei den stilsicheren Freunden toll aussieht. Sie selbst wissen am besten, wie Ihre Einrichtung aussehen soll.

Werfen Sie zuerst einen genauen Blick auf Ihre Wohnung – und in Ihr Herz: Was bedeutet der Wohnraum für Ihre Familie, wer kommt alles zu Besuch, wie nutzen Sie die einzelnen Räume? Die Antworten auf diese Fragen helfen, der Einrichtung eine persönliche Note zu geben.

Wie Ihnen das ohne große Mühe gelingt, erfahren Sie in diesem Buch. **Denn eine gute Einrichtung ist keine Frage technischer Spielereien. Eine genaue Vorbereitung, saubere Umsetzung und ein paar praktische Tricks – mehr brauchen Sie nicht.**

Lassen Sie sich in aller Ruhe inspirieren und **entdecken Sie Ihren persönlichen Traumstil!**

Aller **Anfang ...**

Wenn Sie einen fremden Raum betreten, sehen Sie gleich, was Ihnen daran gefällt und was nicht. So einfach ist das in den eigenen vier Wänden meist nicht. Der Stuhl Ihrer Träume ist einfach toll – aber passt er auch wirklich zu dem antiken Tisch? Die Trendfarbe aus dem Wohnmagazin hat es Ihnen angetan, aber beißt sie sich nicht mit dem Fußboden? Bevor Sie mit der (Um-)Gestaltung Ihrer Wohnung beginnen, ist eine Sache entscheidend: Entdecken Sie Ihren persönlichen Wohnstil.

5 Goldene Regeln

1. Einfach genießen

Das eigene Umfeld zu gestalten macht Spaß! Versuchen Sie, diese Situation auszukosten. Ärgern Sie sich nicht, wenn Sie im Moment nicht wissen, welche Farbe das Schlafzimmer haben soll, oder wenn Ihre Traumfliesen nirgends zu bekommen sind. Betrachten Sie Ihr Vorhaben auch niemals als Leistungsschau. Lassen Sie sich nicht von sogenannten „erlaubten" Farbkombinationen verrückt machen oder von Dingen, die „man haben muss". Dies ist Ihre private Wohnung, und Ihre Familie soll sich dort wohlfühlen.

2. Achtung, Trend ▸

Wie in der Kleidermode kommen und gehen die Trends auch in der Einrichtungswelt. Seien Sie darum vorsichtig mit neuen Wohntrends. Frischer Wind im Haus ist prima – aber nur, wenn er gut dosiert ist. Als Mode-Accessoires bieten sich darum vor allem Elemente an, die leicht ausgetauscht werden können.

◂ 3. Lassen Sie sich inspirieren

Schauen Sie sich viele unterschiedliche Wohnungen an, wenn Sie noch auf der Suche nach Ihrem eigenen Stil sind – eine bessere Inspirationsquelle gibt es nicht. Aber auch in Restaurants, Hotels, Geschäften, in Flughäfen oder Museen können Sie Ideen für eine bestimmte Atmosphäre, Farbgestaltung oder Raumgliederung sammeln. Halten Sie also überall die Augen offen!

4. Schritt für Schritt

Eine komplette neue Einrichtung auf einen Schlag – das klingt verführerisch, kann für die Persönlichkeit Ihrer Wohnung aber auch fatal sein. Bauen Sie lieber alles nacheinander auf, bauen Sie einen Bezug zu Ihren neuen Räumen auf und lassen Sie Spielraum für Veränderungen. Kombinieren Sie Alt und Neu und geben Sie Dingen eine zweite Chance, zum Beispiel mit einem neuen Bezug oder einem frischen Farbanstrich. So fühlt sich der neue Look gut an und die Kosten bleiben überschaubar.

5. Vertrauen Sie Ihrem Gefühl

Spüren Sie immer Ihrem eigenen Gefühl nach und machen Sie aus Ihrer Wohnung keinen Showroom. Es braucht nicht alles zusammenzupassen. Gewagte Kombinationen oder witzige Akzente haben nämlich viel zu erzählen: Ihre Geschichte.

Ihr Einrichtungsnavigator: Ein Moodboard!

Ein Moodboard ist eine Collage aus Fotos, Farben und Materialien, mit der Sie eine Stimmung oder einen Stil visualisieren können. Moodboards sind ausgesprochen praktisch: Damit können Sie alle Ideen in einem übersichtlichen Entwurf bündeln und außerdem anderen zeigen, was Sie sich vorstellen.

- Für ein Moodboard eignet sich am besten feste Pappe oder eine Faserplatte. Das Moodboard sollte nicht zu klein sein und trotzdem ein übersichtliches Format haben, zum Beispiel A3 oder A2.
- Im Prinzip können Sie alles verwenden: Zeitungsausschnitte, Fotos, Stoffmuster, gefärbte Holzstücke, Trockenblumen ... alles, was für Sie die richtige Atmosphäre wiedergibt.
- Manche Dinge lassen sich schwer befestigen (z. B. ein schöner Stein). Machen Sie davon ein Foto und setzen Sie es stattdessen auf dem Moodboard ein.
- Schneiden Sie aus Fotos nur den Teil aus, der für das Moodboard interessant ist.
- Nehmen Sie sich Zeit, die Dinge zu sammeln und zu ordnen. Lassen Sie das Arrangement sich entwickeln und nehmen Sie bei Bedarf auch wieder einzelne Dinge heraus. Ein Moodboard sollte niemals zu voll werden.
- Fotografieren Sie die Elemente, die auch nach der Neugestaltung im Zimmer bleiben sollen, etwa ein Sessel oder ein Kunstwerk, und integrieren Sie diese direkt in das Gesamtbild des Moodboards.
- Halten Sie auf dem Moodboard auch die Grundfarben fest, also den Farbton der Wände oder des Fußbodens.

Eine perfekte Kombination: Das dezente Blumenmotiv an der Wand besänftigt die harten Linien des Tischs.

Auf geht's ...

Wenn Sie herausgefunden haben, in welche Richtung die Gestaltung gehen soll, können Sie Stil und Atmosphäre auf Ihre Wohnung übertragen.

- Erstellen Sie einen Punkteplan und arbeiten Sie sich Zimmer für Zimmer vor.
- Machen Sie pro Raum eine Liste: Was ist da, was kann bleiben, was muss sich ändern ...
- Berücksichtigen Sie dabei die unterschiedlichen Funktionen und Nutzungen der Räume.
- Achten Sie darauf, dass am Ende die grundlegende Linie stimmt. Eine Einrichtung ohne roten Faden wirkt schnell unruhig.

Setzen Sie Ihren persönlichen Wohnstil bis in die Details um. ▶

Zwei Stilrichtungen unter einem Dach

Sie lieben klare Linien und er mag gemütliche Ecken? Sie möchten es bunt haben, er aber eher sachlich? Solche vermeintlichen Widersprüche sind kein Problem – im Gegenteil: Die meisten Räume werden erst durch unterschiedliche Akzente lebendig. Für die Gesamtatmosphäre kann es nur von Vorteil sein, wenn der heimelige Kamin von einem optisch eher strengen Schrank flankiert wird oder wenn der barocke Leuchter über einem Designertisch hängt. Drängen Sie sich Ihre persönlichen Wohnwünsche nicht gegenseitig auf, sondern lassen Sie sie nebeneinander bestehen. Ein gemeinsames Moodboard kann für die richtige Mischung hilfreich sein. Gibt es Diskussionen zu bestimmten Möbelstücken? Am besten machen beide eine Liste mit den unverzichtbaren Stücken und denen, die weg sollen. Versuchen Sie dann, einen Kompromiss zu finden.

POLICE

01 Flur

DER FLUR IST DIE VISITENKARTE IHRER WOHNUNG. BEREITEN SIE IHREN GÄSTEN GANZ NACH WUNSCH EINEN LEBHAFTEN, ÜBERRASCHENDEN ODER ENTSPANNENDEN EMPFANG. ALLERDINGS SOLLTE NICHT NUR DIE OPTIK STIMMEN. DENN EINES STEHT FEST: AUCH DER ALLTAGSBETRIEB MUSS IM FLUR REIBUNGSLOS FUNKTIONIEREN. **HIER LAUTET ALSO DIE DEVISE: PRAKTISCH DENKEN.**

Herein!

Stauraum

- Im Flur herrscht meistens Platzmangel, und trotzdem müssen dort viele Sachen praktisch untergebracht werden. Versuchen Sie, **für möglichst viele Dinge einen festgelegten Platz** zu finden. So behalten Sie den Überblick.
- **Schlüssel und Post:** ein Schränkchen, ein Korb oder ein Brett mit Haken für alle Schlüssel erspart lästiges Suchen. Für die Post ist ein kleines Wandregal oder ein Sideboard ideal.
- **Jacken:** Jedes Familienmitglied bekommt einen eigenen Haken. Reservieren Sie außerdem Haken für die Garderobe der Gäste.
- **Schuhe:** Offenes Regal oder geschlossener Schrank – Hauptsache, Sie haben genug Platz für das aktuell gebrauchte Schuhwerk. Denn dann bleibt der Fußboden frei und der Flur ordentlich.
- **Taschen:** Reservieren Sie jedem Familienmitglied einen großen Haken für das Alltagsgepäck.
- **Handschuhe, Schals, Mützen, Sonnenbrillen:** Ordnen Sie diese in Körben oder Schachteln nach Saison oder Familienmitglied – ganz, wie es Ihnen gefällt.

◂ Pflanzen machen einen großen Flur **gleich viel wohnlicher.** Mit einem schicken Übertopf werden auch gewöhnliche Grünpflanzen zum Hingucker.

Ein charmanter Blickfang im Eingangsbereich: Fotografieren Sie eine bunte Schlüsselsammlung (aus dem eigenen Vorrat oder vom Flohmarkt), anschließend lassen Sie das Bild großformatig ausdrucken und rahmen. ▸

101

◂ Alte Treppen und Dielen strahlen dezente Eleganz aus, sobald sie weiß lackiert sind. Und der Flur wirkt dadurch großzügiger und heller.

TIPP:

Spielerische Note für einen schlichten Treppenflur: Streichen Sie waagerechte und senkrechte Flächen in verschiedenen Farben. Auch mit dem Geländer können Sie einen Farbakzent setzen.

Wunschzettel Flur

- Platz für Jacken und Schuhe
- Ein praktisches Eckchen für Taschen
- Schlüssel immer griffbereit
- Ordnungssystem für Post
- Ein aufgeräumter Gesamteindruck
- Individueller Stil

▲ Funktionale Übergangsräume dekorieren Sie am besten sehr sparsam. Es genügt ein wenig Farbe, damit sie nicht langweilig wirken. Die markante lineare Leuchte sorgt für genügend Licht und sieht modern aus.

Kinder lieben Möbel im Miniformat. Ein eigener kleiner Hocker im Flur macht das Schuheanziehen zum Extravergnügen.

Drakologie

◀ Ist der Flur sehr breit, wird er durch eine Bank besonders einladend und praktisch. Außerdem können Sie Ihrer Freude an leuchtenden Farben in einem Durchgangsraum unbesorgt freien Lauf lassen.

◀ Eine Garderobe auf Kinder-Augenhöhe erlöst Sie von herumliegenden Jacken und Taschen. Hier findet jedes Kind seinen persönlichen Garderobenhaken, dank großer Fotos auf der Wandleiste.

TIPP: Ob mit Garderobenhaken, die sich jedes Kind selbst aussuchen darf, mit Namensschildchen oder Fotos über einem dicken Haken: Alles, was Ihr Kind zur Ordnung verführt, ist erlaubt!

Dieser Flur ist sehr schmal. Für optische Tiefe sorgt der **geschickt platzierte Spiegel:** Darin scheint sich die Küche zu verdoppeln.▸

Bringen Sie die authentischen Elemente Ihrer Wohnung so gut wie möglich zur Geltung. Der Flur in dieser Stadtwohnung ist besonders einladend, weil das Blau der Fliesen in der Wandfarbe aufgegriffen wurde.

TIPP: Wenn Sie regelmäßig den Kinderwagen oder Fahrräder durch den Flur schieben, schützen Sie den unteren Wandbereich durch eine Täfelung. Dafür sind auch Edelstahl oder eine stabile Glasfasertapete stilvolle Lösungen.▶

NO.891
POLICE

Viele Wohnungen müssen sich mit einem beengten Flur begnügen. Suchen Sie dafür Möbel aus, die den verfügbaren Raum optimal nutzen, und wählen Sie helle Farben.

Zaubern Sie mit dem vorhandenen Platz: Ein XXL-Spiegel erweitert das Raumgefühl. ▸

Beleuchtungstipps **Flur**

- Der Flur ist in erster Linie ein funktionaler Raum. Achten Sie darum hier auf helle Beleuchtung, damit Sie Ihre Siebensachen immer gleich finden.
- Wenn im Flur nur eine Deckenlampe vorgesehen ist, sorgen zusätzliche Spots an der Garderobe für mehr Überblick.
- In einem geschlossenen Garderobenschrank erleichtert eine praktische Schrankbeleuchtung die Suche nach Schal oder Handschuhen.
- Eine Wandlampe bereitet Ihnen und Ihren Gästen einen freundlichen Empfang.

Aus einer alten Küchenbank wird mit etwas Farbe und ein paar hübschen Blumenkissen ein gemütliches Eckchen im Eingangsbereich: zügiger Aufbruch und gastliche Ankunft garantiert. ▶

◀ Haben Sie einen geräumigen Flur? Dann präsentieren Sie dort doch Ihre Lieblingsobjekte. So verraten alte Familienstücke, Kunstwerke, Kinderzeichnungen oder Fotos Ihren Gästen schon auf den ersten Blick etwas vom Charakter Ihrer Wohnung.

Richtiges Augenmaß ist das A und O beim Einrichten eines Raums. Hier sorgt ein Riesenkunstwerk für einen beeindruckenden Effekt in einem sonst schlichten, weißen Flur.

Schnell noch eine Nachricht für die Hausgenossen hinterlassen? Schreiben Sie Ihre Mitteilung doch einfach auf die Tür.

TIPP:

Auch ein Wandfeld mit Tafelfarbe ist ein origineller und praktischer Blickfang. Übrigens gibt es Schultafelfarbe nicht nur in Schwarz, die meisten Hersteller bieten sie in verschiedenen kräftigen Farben an.

◀ Statten Sie die Gästetoilette mit einem Überraschungseffekt aus. Lassen Sie diesen Raum bei Ihren Planungen nicht aus, sondern entscheiden Sie sich für eine knallige Farbe oder ein paar lustige Details.

Für jedes Familienmitglied ein Fach nach Maß, darüber funktionale Haken: **schlicht, stilvoll und superpraktisch!** ▶

02
Wohnzimmer

SIE VERBRINGEN DORT EINEN GEMÜTLICHEN ABEND MIT LIEBEN GÄSTEN, IHR PARTNER ZIEHT SICH AN DEN COMPUTER ZURÜCK, ZUSAMMEN SCHAUEN SIE SICH EINEN GUTEN FILM AN, UND DIE KINDER LIEBEN DEN PLATZ VOR DER SPIELKONSOLE: **DAS IDEALE WOHNZIMMER PASST SICH IN JEDER HINSICHT DEN BEDÜRFNISSEN SEINER BENUTZER AN.**

Einfach mal **entspannen**

Stauraum

- Planen Sie ausreichend Stauraum für alles ein, was Sie hier brauchen: von den Büchern bis zum Gameboy, vom Essgeschirr bis zum Spielzeug.
- Stellen Sie Fernseher, Musikanlage und DVD-Spieler in ein praktisches Möbel. Verstecken Sie die Kabel hinter einem Regal oder in einer Kabelführung.
- Nichts ist gemütlicher als eine Bibliothek in den eigenen vier Wänden. Beeindruckender als viele einzelne Regale ist eine komplette Bücherwand.
- Ihre Bücher sind Ihr ganzer Stolz, sie sollen darum unbedingt staubfrei bleiben? Dann entscheiden Sie sich für einen Schrank mit Vitrinentüren.
- Der Computer ist inzwischen für die meisten zum treuen Mitbewohner geworden. Richten Sie ihm einen Platz auf einem kleinen Schreibtisch oder einen extra PC-Schrank im Wohnzimmer ein, an dem Sie bequem sitzen. Viele Wandmöbelsysteme bieten inzwischen Lösungen für die Unterbringung von Rechner, Monitor und Tastatur.
- Auch für Laptops gibt es jede Menge gute Ideen: Couchtische mit Ablage für Kabel und Ladegerät, Beistelltische neben oder am Sofa ... Es gibt also keine Entschuldigung mehr, das gute Stück einfach irgendwo herumliegen zu lassen!

◂ Fotos und Erinnerungsstücke, Blumen und Pflanzen, Kerzen und kleine Kunstwerke: Dekorativ arrangiert, **erzählen schöne Accessoires Ihre persönliche Geschichte.**

▲ Schaffen Sie ein Sortier- und Aufbewahrungssystem für Zeitschriften, zum Beispiel mit Körben, kleinen Regalen oder Tischchen passend zur Einrichtung.

TIPP:

Denken Sie kreativ: Hier wurde ein altmodisches Tellerregal vom Flohmarkt als trendiges Zeitschriftenregal umgenutzt.

Wunschzettel Wohnzimmer

- ✔ Ein sicheres Nest
- ✔ Entspannen und zur Ruhe kommen
- ✔ Platz für die ganze Familie
- ✔ Raum für Bücher und Habseligkeiten
- ✔ Ein praktischer Ort für Fernseher, DVD-Player und Stereoanlage
- ✔ Eine Ecke für den Computer

Herrlich, so eine eigene Leseecke mit gemütlichem Sessel, weit weg vom Fernseher. Wenn Ihr Lesesessel ein Einzelstück ist, darf das Polster auch ein wenig auffälliger sein.

◂ Warum neu kaufen, wenn Sie ein einzigartiges Regal mit etwas Geschick selbst bauen können? **Lassen Sie Ihrer Kreativität freien Lauf**.

Gegenstände mit einer Geschichte betonen den individuellen Charakter Ihrer Einrichtung. Geben Sie ihnen einen Ehrenplatz, damit sie voll zur Geltung kommen.

▲ Streifen, Blumen und geometrische Motive: kombinieren Sie die verschiedensten Formen und Dessins – die Farbe verbindet alles zu einem harmonischen Gesamteindruck.

Machen Sie aus einer gewöhnlichen Pflanze etwas ganz Besonderes: Hier wurde Blumendraht um die langen Blätter der Sanseverie gewickelt. ▸

▲ Ein wenig Kitsch ist auch erlaubt und bringt eine humorvolle Note ins Haus, wie diese Glasglocke mit Minipflanzen und Gartenzwergen.

◀ Eine Wand in einem dunklen Farbton und geradliniges Mobiliar werden mit farbigen Accessoires zum Leben erweckt. Und warum sollte ein sommerlicher Gartenstuhl mit Blumenaufdruck nicht auch als Leseplatz in einem modernen Wohnzimmer dienen?

In diesem Haus war eine neue Stütze gefragt, nachdem eine tragende Wand entfernt wurde. Statt eines **traditionellen Stahlpfeilers wurde hier ein riesiger Baumstamm eingesetzt**. Aber Achtung: Lassen Sie sich für solche Arbeiten von einem Architekten oder Bauingenieur beraten. ▶

▲ Große, offene Regalfächer sind nicht nur praktisch für Bücher. Hier können Sie auch Dekoration sehr effektvoll präsentieren. Die Rückseite des Regals bleibt offen, so setzt die hellviolett gestrichene Wand einen subtilen Farbakzent im Raum.

Ein Ensemble aus Vasen ist dekorativ und originell. Suchen Sie sich ein paar Vasen im gleichen Stil oder in derselben Farbe aus. Sogar ohne Blumen sorgen sie für eine fröhliche Note. ▶

Zu wenig Platz für einen Beistelltisch? Machen Sie das Beste aus einem niedrigen Regal. Darin können Sie Zeitschriften und Taschenbücher stapeln und obendrauf die aktuelle Lektüre.

Schenken Sie Möbelstücken ein zweites Leben: Diese statische Haftfolie wird üblicherweise ohne Klebstoff als Sichtschutz auf Fenster geklebt. Auf dem Tischchen aus Plexiglas ist sie ein verspieltes Extra, das leicht wieder entfernt werden kann. ▶

Beleuchtungstipps **Wohnzimmer**

- Im Wohnzimmer spielt sich ein großer Teil des Lebens zu Hause ab – jeden Tag aufs Neue, mit ganz verschiedenen Menschen. Darum ist eine Beleuchtung am besten, die sich den wechselnden Gegebenheiten anpasst.
- Sorgen Sie für warmes, eventuell dimmbares Licht in der Sitzecke.
- Wenn Sie häufig im Wohnzimmer schmökern, benötigen Sie eine auf den Leseplatz ausgerichtete Lampe. Ideal ist eine Stehlampe neben Ihrem Lieblingssessel.
- In der Nähe des Fernsehers ist indirektes Licht das Beste. Es ist wohnlich und macht einen Filmabend weniger anstrengend für die Augen.
- Für eine große Bücherwand sind Punktstrahler und Schrankbeleuchtung eine gute Idee.
- Rücken Sie Ihre liebsten Dekostücke mit etwas mehr Beleuchtung ins rechte Licht.

▲ Ein Fernseher auf einem kleinen Tischchen in der Ecke kann optisch zu stark ins Gewicht fallen. **Stellen Sie das Gerät auf ein breites, flaches Möbel**, dann bleibt Platz für hübsche Accessoires, und alles fügt sich zu einem harmonischen Gesamtbild.

◀ Kombinieren ist eine Kunst: Zu dieser Vintage-Anrichte passen die Dekorationsstücke sehr gut. Da sie weiß sind, bleibt die kitschige Note auf ein Augenzwinkern beschränkt. Das Gemälde setzt dagegen einen klaren Farbschwerpunkt im Raum.

MAN
12

◂ **Variieren Sie Accessoires nach Lust und Laune!** Damit es übersichtlich bleibt, wählen Sie **harmonierende Formen und Farben oder einen durchgängigen Stil.** Hier bilden diverse Ethno-Accessoires ein gelungenes Interieur.

Ein PC-Monitor, umgeben von klassischer Einrichtung, muss kein Stilbruch sein. Der alte Schreibtisch und die markante Tischlampe sind dominant und **lenken den Blick vom Bildschirm ab**.

TIPP: Achten Sie bei der Gestaltung auf jedes Detail. Hier sind Tastatur und Kabel sorgfältig neben und hinter dem Möbelstück verborgen. ▶

◀ Klassische Buffetschränke in Naturholz sind oft klobig. Ein weißer Anstrich und ein farbiges Innenleben lassen den Schrank leichter und verspielter erscheinen.

TIPP:
Dieses Möbelstück reicht bis zur Decke und wird damit zum perfekten Raumteiler zwischen Arbeitsplatz und Wohnbereich.

◀ Ein deckenhoher Wandschrank bringt Ruhe ins Wohnzimmer. Und hinter den Türen bleibt verborgen, was Sie nicht im Blick haben möchten.

TIPP:

Einzelne offene Module lockern das Bild auf und sind der perfekte Rahmen für ein dekoratives Objekt.

Große Sträuße kommen vor schlichtem Hintergrund am besten zur Geltung, wenn sie viel Platz haben. In einem weniger minimalistisch eingerichteten Raum oder einer kleinen Ecke ist eine Vase mit einzelner Blume besser. ▸

◂ Machen Sie es sich beim Fernsehen gerne auf der Couch bequem? Sitzen Ihre Gäste am Küchentisch oder auf dem Sofa – oder ist dies der Lieblingsplatz der Kinder? **Wählen Sie Sofa und Bezug entsprechend ihrer Beanspruchung aus.**

◂ Extragroße Blumen zaubern Leben auf eine schlichte Wand. Sticker sind für besondere Akzente ideal: In null Komma nichts angebracht, können sie problemlos und sauber wieder entfernt werden.

◂ Babyrosa im Wohnzimmer passt nicht überall, hier ist der Effekt aber gelungen. Der Trick: **Kombinieren Sie eine überraschende Wandfarbe mit einem einfachen Fußbodenbelag** und weißen Polstermöbeln.

Schwarz-Weiß ist eine stilvolle und zeitlose Kombination. Allerdings kann ein Raum dadurch recht kühl wirken. Warme Akzente wie Pflanzen, Kerzen, Bilder oder Reisesouvenirs dämpfen den starken Kontrast. ▸

Für Freunde des strengen Stils: Ein geschlossener Gaskamin ist eine geradlinige Alternative zur traditionellen offenen Feuerstelle. Hier ist der Kamin zusammen mit dem Fernseher und der Hi-Fi-Anlage in ein Wandmodul eingebaut. ▼

▲ Wenn es der Platz erlaubt, bringen Sie auch einen Arbeitsplatz im Wohnraum unter. Das dazugehörige Möbelstück sollte gut ins Gesamtbild des Zimmers passen.

TIPP:

Ein Blickfang über dem Tisch lenkt die Aufmerksamkeit von den wenig attraktiven technischen Geräten ab.

03 Esszimmer

SCHNELL FRÜHSTÜCKEN, MIT DER FAMILIE ZU MITTAG ESSEN, ROMANTISCH TAFELN, MIT FREUNDEN FEIERN, ALLES FINDET AN DIESEM EINEN TISCH STATT. **GEMÜTLICH, FLEXIBEL UND PRAKTISCH – HIER SETZT SICH JEDER GERNE DAZU!**

Bitte zu **Tisch!**

Platz für alle

- Sitzen bei Ihnen **mal mehr, mal weniger Leute** zum Essen am Tisch? Dann ist eine erweiterbare Tischplatte ideal.
- **Klappstühle oder stapelbare Sessel** sind eine platzsparende Lösung und können bei Bedarf schnell hervorgeholt werden.
- In einem **Buffetschrank** findet alles Platz, was Sie auf dem Esstisch brauchen. Dieses Platzwunder gibt es auch in modernen Stilrichtungen, die mit Ihrem Tisch und Ihren Stühlen harmonieren.

Überraschung: Ein alter Tisch mit einer Geschichte passt perfekt zu zeitgemäßen Designerstühlen. **Das riesengroße Gemälde rundet das Bild ab.**

▲ Für den Standort des Esstischs zählt der Lichteinfall: Sie frühstücken gerne in der Sonne? Dann stellen Sie den Tisch an ein Fenster im Osten, durch das morgens die Sonne scheint.

Wunschzettel Esszimmer

- ✔ Alltagstauglich
- ✔ Gemütliches Tafeln mit Freunden
- ✔ Jede Menge Platz
- ✔ Kindgerecht
- ✔ Alles griffbereit
- ✔ Stimmungsvolle Atmosphäre

Mit einem hohen antiken Spiegel halten **Charme und Glamour** Einzug ins Esszimmer. Zusätzlich wird der Raum optisch vergrößert. ▸

◂ Sie haben Gäste und die Kinder sehen fern: Dank der großen Schiebewand kann der offene Wohnbereich bei Bedarf auch geteilt werden.

Ein Set unterschiedlicher Stühle am großen Tisch: erstens hübsch und zweitens praktisch, wenn der Tisch verschiedenen Zwecken dient. Mit hohen, geraden Stuhllehnen lässt es sich gut arbeiten, im gemütlichen Schalensessel bleibt man auch nach dem Essen gerne noch lange sitzen.

Wenn Küche und Esszimmer ineinander übergehen, dürfen auch die Küchenschränke an den Esstisch heranrücken! **Das schafft Ruhe, hat Stil und ist praktisch.** ▸

◂ Schwarz und Weiß, und doch nicht streng und kühl: wohnliches Naturholz gleicht harte Kontraste aus.

Beleuchtungstipps **Esszimmer**

- Bei der Zubereitung von Mahlzeiten ist helles Licht wichtig. Deckenspots oder aber eine klassische Deckenlampe sind hier das Richtige.
- Mit einem Dimmer stellen Sie je nach Tischgesellschaft die passende Beleuchtung ein.
- Eine ausgefallene Leuchte über dem Tisch ist ein hübscher Blickfang. Ob prunkvoller Kronleuchter oder moderne Hängelampe, beide entfalten ihre ganz eigene Wirkung.
- Eine kleine Tischlampe auf dem Esstisch oder am Buffet macht den Raum noch behaglicher, vor allem wenn die Deckenbeleuchtung nicht gedimmt werden kann.

Wenn die Zimmer eher klein sind, sorgen einheitliche Farben und Materialien für ein erweitertes Raumgefühl. Verwenden Sie durchgängig denselben Fußbodenbelag und setzen Sie viel Weiß ein, damit Möbel und Räume miteinander verschmelzen.

TIPP:

Setzen Sie mit Stuhlkissen, Tischtextilien, Vasen und Blumen freundliche Farbakzente.

▲ Spielen Sie mit den Grenzen zwischen Innen- und Außenraum. Wenn die Terrassentür geöffnet ist, setzt sich das Grün aus dem Garten auf der Esszimmerwand fort.

Seitdem **Tafelfarbe in allen möglichen Tönen** erhältlich ist, lässt sich noch viel mehr damit anfangen. Wie wäre es zum Beispiel mit einer etwas anderen Memotafel in Form einer Einkaufstasche?

TIPP: Mit ein paar Schichten Magnetfarbe darunter können Sie auch Briefe und Fotos an die Tafel heften. ▸

Heute Abend essen Sie zu zweit, morgen mit der ganzen Familie und übermorgen kommen Freunde vorbei? Mit einer Reihe kleiner viereckiger Tische können Sie endlos variieren. ▾

* koffie
* kaas
dinsdag 16.00
Tim judo!
KOFFIE
THEE

▲ Eine breite Fensterfront erfüllt den Raum mit Licht, der Garten rückt näher heran und der Innenraum wirkt größer.

TIPP:

Stehen solche Fenster auch auf Ihrem Wunschzettel? Informieren Sie sich ausführlich über die verschiedenen Möglichkeiten für Glaswände und Fensterrahmen: Interessant sind Fragen nach dem Isolationswert und Zusatzfunktionen wie Sonnenschutz oder Selbstreinigung. Überlegen Sie außerdem, ob es der Aluminiumrahmen mit der kühleren Ästhetik sein soll oder doch besser die stärker isolierenden Holzrahmen.

Ganz schön voll und trotzdem nicht erschlagend: das Geheimnis liegt in der Wiederholung. Das markante Grün des Tisches findet sein Echo an der Wand. Bei den Stühlen wurde das gleiche Modell in verschiedener Ausführung kombiniert. Und die kleinen Bilderrahmen hängen akkurat in einer kleinen Gruppe. ▶

◀ **Saubere Oberfläche, reine Natur:** Eine traditionell mit einer Mörtelmischung auf natürlicher Basis gekalkte Wand behält ihre Struktur, sodass der ursprüngliche Charme erhalten bleibt.

showtime

04
Küche

HIER SCHLÄGT **DAS HERZ DES HAUSES:** IN DER KÜCHE WIRD GEKOCHT, GEGESSEN, GEREDET UND GELEBT. **DIE IDEALE MODERNE KÜCHE KANN SICH SEHEN LASSEN** UND IST TROTZDEM PRAKTISCH.

Nur **Mut!**

Stauraum

- **Denken Sie praktisch:** Bereiten Sie in Gedanken Ihr Lieblingsgericht zu und teilen Sie dementsprechend die Küchenschränke ein. Das erspart Ihnen viel zeitraubendes Hin- und Herräumen.
- **Schonen Sie Rücken und Knie:** Was Sie häufig benutzen, deponieren Sie in Arbeitshöhe. Alles andere bekommt seinen Platz höher oder tiefer.
- **Organisieren Sie die Mülltrennung.** Integrieren Sie die Mülleimer in den Schrank oder wenn der Platz dafür fehlt, kaufen Sie frei stehende Behälter, die zumindest gut aussehen.
- Ordentliche Schränke sind die halbe Miete. Eine Küche wird erst mit einer **durchdachten Schrankeinteilung** richtig praktisch.
- **Halten Sie die Arbeitsflächen möglichst frei.** Das sieht besser aus, erleichtert die Arbeit und ist vor allem hygienischer.

◂Gut zu wissen: **Eine Küche aus lackierten MDF-Platten kann auch umgestrichen werden.** Die Entscheidung für Weiß oder Farbe ist also nicht endgültig.

◀ Nicht alle Küchengeräte haben ein gelungenes Design. In einem flachen Wandschrank auf der Arbeitsfläche sind sie aus dem Blick und schnell zur Hand.

▲ Eine hypermoderne Küche und ein Kamin haben in einer klassischen Villa Platz in diesem Modul gefunden. Die Küche ist mit offenen Regalen funktional eingerichtet, vom Wohnbereich aus sehen Sie aber nur eine weiße Wand.

Wunschzettel Küche

- ✔ Einladende Atmosphäre
- ✔ Einfach sauber zu halten
- ✔ Platz für alles, was man braucht
- ✔ Benutzerfreundliche Aufteilung
- ✔ Praktischer Arbeitsplatz
- ✔ Pulsierender Mittelpunkt des Haushalts

Kochen, einen Aperitif nehmen, plaudern und das Essen genießen ... Eine Theke mit Hockern neben der Kucheninsel ist gesellig und lebendig!

▲ **Ästhetisch, praktisch, hygienisch:** Bewahren Sie Spülbürste, Schwamm und Spülmittel in einem schicken Behälter direkt neben dem Becken auf.

▲ Auch eine geradlinige Küche bekommt eine persönliche Note, wenn Sie sie mit Dingen ausstatten, die Ihren eigenen Stil zum Ausdruck bringen.

◀ Küchenmöbel in lebendigen Farben erscheinen manchen zu gewagt. Mit weißen Schränken geht man kein Risiko ein. Holen Sie trotzdem Farbe herein: zum Beispiel mit einer Wand in leuchtendem Grün und witzigen Accessoires.

TIPP:

Sie wollen eine richtige Farbexplosion? Dann bringen Sie dieselbe Farbe so oft wie möglich unter.

◀ Eine Wand aus wiederverwendetem Holz hat Charakter und ist sehr atmosphärisch. Unterschiedliche Töne und Strukturen des Materials sind hier besonders wirkungsvoll, allerdings sollten die Latten gleichmäßig breit sein, damit es nicht zu unruhig wird.

▲ Ein Ofen in bequemer Höhe und ein Herd mit Abstellfläche zu beiden Seiten: Denken Sie bei der Planung Ihrer Küche auch ergonomisch und praktisch.

Beleuchtungstipps **Küche**

- Die Beleuchtung in der Küche muss vor allem funktional sein. Neonleuchten und Halogen-Punktstrahler leisten dabei hervorragende Dienste.
- Sorgen Sie überall in der Küche für gute Beleuchtung. Wenn Sie Ihre Utensilien zu lange suchen müssen, kann eine zusätzliche Schrankbeleuchtung nützlich sein, zum Beispiel ein Minispot oder eine LED-Leiste.
- Die Arbeitsfläche braucht in der Regel eine eigene Beleuchtung.
- Regale mit hübschem Geschirr werden durch gezielte Beleuchtung zum Blickfang.

Eine Einbauküche muss ja nicht aussehen wie im Möbelhaus: Diese Modulschränke wurden mit Fronten aus unbehandelter Kastanie veredelt. ▸

◀ Farbige Küchengegenstände und einfache Deko-Objekte bringen Schwung in die Küche.

Diese Küche ist keine Inszenierung: hier wohnt tatsächlich ein begeisterter Hobbykoch. Wenn Sie in Ihrer Küche auch gerne kulinarische Kunstwerke schaffen, achten Sie bei der Einrichtung vor allem auf eine sinnvolle, praktische Aufteilung. ▼

▲ Küchenschränke in frischen Farben in Kombination mit einem schlichten Boden und ebenso schlichten Wänden – ein stilvolles Bekenntnis zur Moderne.

TIPP:

Planen Sie rechtzeitig Platz ein für Vorräte, Waschmaschine und Co. Hier bringt Knallrosa gute Laune in die wenig begeisternde Hausarbeit.

Für Experimentierfreudige: weiße Küche, schwarzer Boden und ... rosa Decke! Dieser Trick funktioniert natürlich am besten in hohen Räumen.

◄ Hier wurde ein Stück der Wand entfernt, sodass die schmale Küche nun offen gestaltet ist. Eine Theke wird zum gliedernden und verbindenden Element zwischen Koch- und Essbereich. Offene Fächer mit indirekter Beleuchtung integrieren die Küche noch stärker in die restliche Wohnung.

◀ Das Budget gibt eine komplette Küchenausstattung im Moment nicht her? Stellen Sie Ihre Planung dennoch fertig und investieren Sie zunächst in die Grundeinrichtung wie zum Beispiel Kochgeräte und Wandfliesen. Mobile Elemente werden zum stilvollen Provisorium und erfüllen später garantiert an anderer Stelle einen guten Zweck.

Die Würze liegt im Detail. Kaufen Sie mehrere einheitliche Behälter für alle Grundzutaten. Die sind hübsch, praktisch und übersichtlich. ▸

Ein schmaler Extratisch für das eilige Frühstück oder für eine kleine Stärkung zwischendurch ist praktisch. Und während Sie in der Küche hantieren, können die Kinder daran ihre Hausaufgaben machen.

Sie möchten, dass der Esstisch direkt an die Küchenzeile anschließt, mögen aber keine Barhocker? Dann ist ein flaches Podest die ideale Lösung.

◂ Eine schwarze Küche ist schick, kann aber auch zu massiv wirken. Mit weißen Oberschränken wie diesen **bleibt die optische Leichtigkeit erhalten**.

Für die Arbeitsplatte gibt es Materialien im Überfluss. Diese besteht aus Tadelakt, einem marokkanischen Putz auf Kalkbasis. ▼

05 Schlafzimmer

DAS SCHLAFZIMMER IST DER ULTIMATIVE RÜCKZUGSORT, AN DEM ES SICH LOHNT, AUCH MIT OFFENEN AUGEN ZEIT ZU VERBRINGEN. ES EIGNET SICH NICHT NUR ALS SCHLAFPLATZ, SONDERN AUCH ZUM LESEN, FERNSEHEN, BLOGGEN ... MANCHMAL AUCH ZUM ARBEITEN ODER FÜR DAS TÄGLICHE FITNESSPROGRAMM. **DAS SCHLAFZIMMER IST EIN HÖCHST PRIVATER RAUM,** IN DEM ES MIT EINEM GUTEN BETT ALLEIN ABER NICHT GETAN IST.

Psst, nicht stören!

Stauraum

- Ein unordentliches Schlafzimmer wirkt sich negativ auf die (Nacht-)Ruhe aus. **Sorgen Sie für ausreichend Stauraum im Zimmer oder nebenan.**
- **Einbauschränke** sind die reinsten Platzwunder und in allen Größen, Materialien und Stilen realisierbar.
- Frei stehende Möbel dagegen wie eine Kommode oder ein schicker Nachttisch haben viel Charme. **Antike Stücke sind hier besonders gefragt.**
- Ein geschlossener Schrank wirkt ruhiger als eine offene Lösung. **Schiebetüren nehmen keinen Platz ein,** eine Spiegeltür vergrößert den Raum.
- Mit einer **durchdachten Schrankeinteilung** gewinnen Sie viel Platz und vor allem Ordnung. Machen Sie sich im Vorfeld eine Liste, was Sie alles brauchen (Sockenschublade, Krawattenhalter, ausziehbare Körbe ...).
- Sorgen Sie für die **richtige Balance zwischen offenen und geschlossenen Flächen.** Räumen Sie Kleidung, Bettwäsche und andere Notwendigkeiten aus dem Blick und geben Sie dem Zimmer mit ein paar persönlichen Dingen wie Büchern, Fotos und Accessoires einen individuellen Touch.
- Platzmangel? **Unter dem Bett und auf dem Schrank finden sich oft noch Reserven.** Gönnen Sie sich für diese offenen Lagerflächen ein paar schöne Körbe, Kisten oder Taschen, die zum Stil des Schlafzimmers passen.

▲ Kombinierte Fensterstoffe oder Vorhänge, die das Schlafzimmer nachts ausreichend abdunkeln, tagsüber aber auch die Sonnenstrahlen filtern, sorgen immer für die richtige Atmosphäre im richtigen Moment.

Aus der Rubrik „Kleiner Eingriff, große Wirkung": eine ausgefallene Fototapete an einer Wand. Selbst wenn Sie ansonsten nichts verändern, erlebt Ihr Schlafzimmer so eine wahre Metamorphose.

Wunschzettel Schlafzimmer

- ✔ Ruhe und Entspannung
- ✔ Intime Atmosphäre
- ✔ Individueller Rückzugsort
- ✔ Privatsphäre
- ✔ Leicht in Ordnung zu halten

◀ Eine Blumenvase am Bett, Bilderrahmen mit inspirierenden Reproduktionen oder Fotos an der Wand: Richten Sie Ihr Schlafzimmer als vollwertigen Wohnraum ein, mit einem Unterschied: Dies ist Ihr höchstpersönlicher Privatbereich. Gestalten Sie ihn daher so angenehm wie möglich.

▲ Schmökern, nachdenken, träumen ... Im Schlafzimmer folgt die Zeit Ihrem persönlichen Tempo.

◀ Ein gemütlicher Sessel ist ein Muss für alle, die im Schlafzimmer ein wenig **Entspannung auch ohne Schlaf** suchen. Nehmen Sie sich bewusst vor, das gute Stück nicht zur Kleiderablage zu degradieren. So haben Sie immer noch ein **Plätzchen frei für ein spannendes Buch** oder eine Tasse Tee vor dem Schlafengehen.

▲ Farbe kommt im Schlafzimmer nicht nur über die Wandgestaltung. **Schöne bunte Stoffe sind eine wunderbare Alternative**, wenn alles Übrige eher neutral bleiben soll. Schaffen Sie mit Vorhängen, Läufern, Tagesdecken, Bettwäsche und Kissenbezügen eine Atmosphäre ganz nach Ihrem Geschmack.

▲ Wenn das Schlafzimmer auch als Arbeitszimmer dient, lassen Sie das Thema Schlaf tagsüber etwas in den Hintergrund treten. Breiten Sie eine schöne Tagesdecke über die Bettwäsche und dekorieren Sie ein paar Kissen darauf. So erscheint das Bett fast wie ein Sofa. Stellen Sie auch zum Beispiel einen Couchtisch oder einen großen Schreibtisch herein, sodass der Raum einen aktiveren Charakter bekommt.

◀ Das Schlafzimmer ist der richtige Ort für Stoffe und Materialien, die den Sinnen schmeicheln und sich angenehm anfühlen.

◂ **Das Schlafzimmer ist offen für reizvolle Stilexperimente.** Kissenbezüge, Bettwäsche und kleinere Accessoires können schnell ausgetauscht werden. Lassen Sie den Effekt in Ruhe auf sich wirken. Und wenn Sie nicht zufrieden sind, wird alles wieder geändert. Wenn alles stimmt, können Sie ähnliche Ideen getrost auch im Rest der Wohnung umsetzen.

Beleuchtungstipps **Schlafzimmer**

- Kombinieren Sie eine gute Deckenbeleuchtung mit stimmungsvollem Hintergrundlicht und ein paar lokalen Lichtquellen, zum Beispiel auf dem Nachttisch oder am Kleiderschrank.
- Zentrale Hängelampen werfen meist recht ungemütliches oder viel zu wenig Licht. Gut verteilte Deckenspots sind in jedem Fall die bessere Option.
- Dimmbare Wandlampen, Tisch- oder Stehleuchten geben besonders stimmungsvolles Licht.
- Ein schwenkbarer Deckenspot oder eine eingebaute Schrankbeleuchtung lässt Sie auch im Kleiderschrank nie im Dunkeln tappen.
- Schaffen Sie sich Leselampen an, die punktgenau ausgerichtet werden können – so darf jeder so lange lesen, wie er mag.
- Damit nachts niemand die Orientierung verliert, lassen Sie bei Bedarf ein kleines Licht brennen.
- Bequem sind Lichtschalter am Bett, um das Hauptlicht an- oder auszuschalten.

In Altbauten erlaubt die Raumhöhe oft den Einbau einer Galerie für zusätzlichen Stauraum oder einen romantischen Schlafplatz. Gestalten Sie die Fläche mit schönen Materialien und bringen Sie im hinteren Bereich eine Leuchte an, die ein weiches, indirektes Licht im Raum streut.

Ein besonderer Fund vom Flohmarkt oder beim Antiquitätenhändler wird zum Blickfang des Schlafzimmers.

▲ Lassen Sie sich vom Stil der Fünf-Sterne-Hotels inspirieren: Bedecken Sie das Bett mit Überwürfen aus weichen und glänzenden Materialien, verteilen Sie großzügig Kissen darauf und garnieren Sie den Raum mit exquisiten Stücken wie der dekorativen Lampe neben dem Bett. So kommt garantiert Urlaubsstimmung in den Alltag.

◂ Das A und O im Schlafzimmer sind **Ruhe und Harmonie**. Verwenden Sie das Schlafzimmer darum nicht als Abstellplatz für Möbel, die Sie nirgendwo anders unterbringen konnten. Das führt schnell zu einem ungemütlichen Durcheinander.

Keine Lichtquellen in der Wand und kein Nachttisch am Bett? **Auch Stehlampen eignen sich als Leselampe.** ▸

Dunkle Wände sind unwiderstehlich! Schokoladenbraun, Nachtblau, Gewittergrau ... Alle Farbenhersteller haben eine Auswahl dunkler Töne im Angebot, die alles andere als langweilig oder düster daherkommen. Sie geben einem Raum oft jenen Hauch des Geheimnisvollen, der so gut ins Schlafzimmer passt.

▲ Wer mag schon ein Schlafzimmer „von der Stange"? Entscheiden Sie sich für die Einrichtung, die Ihnen am besten gefällt. Warum nicht auch einen Extraschrank für die umfangreiche Schuhkollektion? Dafür brauchen Sie keinen klassischen Kleiderschrank – erlaubt ist, was funktioniert: Hauptsache, das Möbelstück entspricht Ihrem Bedarf.

Ein **dezentes Farbspektrum ist die beste Wahl,** wenn Sie einen Raum einheitlich gestalten möchten. Wenn die Möbel nicht zusammenpassen, streichen Sie alle in der gleichen Farbe. So wird eine „Familie" daraus. Einzelne Accessoires in Akzentfarben lenken den Blick.

▲ Ein begehbarer Kleiderschrank muss das Budget nicht überstrapazieren. Schon eine einfache Konstruktion aus Metallstangen leistet hervorragende Dienste. Bewegliche Deckenstrahler sind dafür die ideale Beleuchtung.

Nummer eins in der Hitparade der **Verwandlungstricks im Schlafzimmer:** eine Tagesdecke mit modernem Dessin in frischen Farben. Schnell, einfach und so günstig oder teuer, wie Sie möchten.

Eine Idee für alle, die von einem begehbaren Kleiderschrank träumen, aber keinen extra Raum dafür haben: Bauen Sie sich den Luxusschrank mit einer Stellwand oder einem Vorhang einfach selbst. Am Kopfende des Bettes ist ein guter Platz dafür, auch in Räumen mit Dachschräge. Eine Breite von 1,50 m sollte allerdings gegeben sein. Denken Sie auch an eine passende Beleuchtung.

TIPP:

Viele Hersteller bringen aufeinander abgestimmte Stoffe und Tapeten heraus. Schauen Sie sich um und sorgen Sie mit dem Dessin Ihrer Wahl für Harmonie und Abwechslung zugleich. ▶

Sie möchten einen Raum teilen oder einen Zimmerbereich abtrennen, ohne gleich Trockenbauwände montieren zu müssen? Mit langen Vorhängen aus hellem, aber festem Stoff an einem Stahlseil ist der „Umbau“ schnell und unkompliziert.

Ein großes Schlafzimmer erlaubt großzügige Lösungen. Wenn das Bett zum Beispiel in der Mitte steht, wird eine zusätzliche Wand frei für deckenhohe Schränke. Der große maßangefertigte Schrank aus MDF wurde hier bewusst schlicht gehalten und neutral weiß lackiert. So tritt er zurück und wirkt nicht so massiv. Eine Halbwand hinter dem Bett dient gleichzeitig als Kopfteil und Abtrennung vom Schrank. Das Relief wurde aus einer MDF-Platte gesägt und einfach aufgeklebt.

phc
L MITCHELL

06

Badezimmer

FUNKTIONAL UND PRAKTISCH FÜR DIE SCHNELLE MORGENDUSCHE, ANSPRECHEND UND FREUNDLICH FÜR DEN BADESPASS DER KINDER, KOMFORTABEL UND LUXURIÖS, UM SICH SELBST RUNDUM ZU VERWÖHNEN ... **JEDES BAD HAT VIELE FUNKTIONEN.**

Endlich **abtauchen!**

Stauraum

- Planen Sie **ausreichend Haken und Stangen** für Bademäntel, Handtücher und Wäschebeutel ein. Auch an der Seitenwand des Schranks oder an der Tür findet sich noch Hängefläche.
- **Schmale, hohe Schränke sind für das Bad eine prima Lösung.** Sie passen überall dazwischen und bieten viel Platz für Handtücher und andere Utensilien. Gut zu wissen: Auch für Badezimmerschränke gibt es inzwischen sehr praktische Aufteilungssysteme.
- Besorgen Sie **hübsche Schalen oder Körbe** für Kleinigkeiten wie Wattestäbchen oder Haarnadeln. Sie sehen gut aus und schaffen Ordnung.
- **Das Badespielzeug der Kinder** bekommt am besten einen festen Platz, an dem es gut trocknet. Praktisch ist ein grobmaschiger Kunststoffbeutel, der über dem Brausekopf aufgehängt wird.
- Praktisch sind **kleine Rollcontainer,** die Sie dorthin schieben können, wo Sie sie gerade brauchen: unter das Waschbecken, neben die Badewanne oder an die Duschtür.

▲ Manche Pflegeprodukte sind so schön, dass Sie die perfekte Badezimmer-Deko abgeben. Eine hübsche Schale mit kleinen Luxusseifen oder ein „Stillleben" aus Parfumflakons können Sie immer wieder neu arrangieren.

Wunschzettel Badezimmer

- ✔ Funktionale Aufteilung
- ✔ Praktischer Stauraum
- ✔ Pflegeleichte Materialien
- ✔ Ein Hauch von Luxus
- ✔ Hübsche Details
- ✔ Passend zum Lebensstil

▲ Keine Frage, eine **frei stehende Badewanne hat Stil.** Aber wohin mit den Leitungen? Sie können in schicke Designerrohre investieren oder aber wie hier eine einfache Konsole bauen lassen.

▲ Ein geschlossener Schrank wirkt in einem kleinen Badezimmer oft zu massiv. **Offene Fächer, kombiniert mit schönen Körben oder Schachteln, sind eine gute Lösung.** Mit ein wenig Geschick sind solche Konstruktionen sogar leicht selbst zu fertigen – nach Wunschmaß!

TIPP:
Ein Gefühl von Luxus kommt sofort auf, wenn Sie die bunte Handtuchsammlung gegen Handtücher in derselben Farbe austauschen.

Ein mit Fläschchen und Dosen vollgestelltes Waschbecken sieht immer unordentlich aus, selbst wenn alles hübsch in Reih und Glied steht. Beschränken Sie sich darum auf ein schlichtes Set für Zahnbürste, Seife und Bodylotion und verstecken Sie den Rest in Schränken oder Schubladen.

Beleuchtungstipps **Badezimmer**

- Machen Sie eine Aufstellung der unterschiedlichen Bereiche und Funktionen des Badezimmers und passen Sie die Beleuchtung daran an.
- Wählen Sie als Allgemeinbeleuchtung eine Decken- oder Wandleuchte hinter mattem Glas, das für weiches Licht sorgt. Eine gute Alternative sind auch hier für Feuchträume geeignete Deckenspots.
- Auch in der Dusche brauchen Sie Licht! Wenn das Deckenlicht nicht ausreicht, bauen Sie einen wasserdichten Spot ein.
- Wandleuchten beidseits des Spiegels sorgen für schönes und gleichmäßiges Licht auf Ihrem Spiegelbild. Soll es eine einzelne Lichtquelle über dem Spiegel sein, hängen Sie die Lampe nicht zu hoch.
- Mit Dimmern für die Deckenbeleuchtung, indirektem Licht (z. B. hinter dem Spiegel) oder vielleicht sogar einer dezenten farbigen Beleuchtung schaffen Sie ein behagliches Ambiente.
- Denken Sie auch an Ihre Sicherheit und bringen Sie Leuchten nur mit ausreichendem Abstand zu Badewanne, Waschbecken oder Dusche an. Achten Sie auf die IP-Klassifizierung, die sich auf den Schutz der Leuchte gegen Fremdkörper und Nässe bezieht.

◀ In einem großen Badezimmer kann sich eine Zwischenwand als besonders reizvoll erweisen. Vorne entsteht eine zusätzliche Fläche für das Waschbecken, hinter der Wand bleiben Dusche und Toilette etwas verborgen. Das extrabreite und lange Heizungsgehäuse dient gleichzeitig als Ablage und Handtuchwärmer.

Glasmosaik war schon immer ein Favorit für die Wand- und Bodengestaltung im Bad. Die Auswahl an Farben, Ausführungen und Formaten ist so vielfältig, dass sich das Material jedem Geldbeutel und allen Stilen anpasst. Von schlicht und einfach bis üppig und luxuriös. Aber auch der Mittelweg ist überzeugend: Ein einzelnes Mosaik, in klaren Linien sparsam angebracht – hier zum Beispiel eine schmale Fläche über Waschbecken und Badewanne sowie hinter der Toilette – ist ein stilbewusstes, aber unaufdringliches Bekenntnis zur Moderne.

◀ Eine neutrale Optik wird mit einem kräftigen Farbakzent lebendiger. Streichen Sie eine oder zwei Wände in einer leuchtenden Farbe und passen Sie auch die Accessoires an. Sie haben schon alle Accessoires und Handtücher in Ihrer Lieblingsfarbe angeschafft? Dann gehen Sie mit einem Exemplar ins Farbengeschäft und lassen Sie sich den richtigen Ton für den Anstrich anmischen.

TIPP:

Auch im Badezimmer sehen Pflanzen toll aus. Wählen Sie einen einzelnen großen Blickfang oder stellen Sie mehrere kleinere Töpfe auf. Suchen Sie Pflanzen aus, die im feuchten Badezimmerklima gut gedeihen – eine gute Idee sind zum Beispiel Farne.

▲Ein neues Styling muss nicht aufwendig sein. Auch mit ganz einfachen Mitteln – etwa mit ein paar Wandstickern – **erhält das Bad einen komplett neuen Look.**

▲ Weil Fliesen hier die ländliche und entspannende Atmosphäre stören könnten, wurde diese Wand hinter der Badewanne mit Tadelakt bedeckt. Der Glanzputz auf Naturkalkbasis schützt perfekt gegen Nässe und verleiht dem Raum das gewisse Etwas. Die Naturfarben und robusten Materialien unterstützen den freundlichen Charakter.

Setzen Sie den Stil Ihres Badezimmers bis ins Detail fort, **damit ein runder Gesamteindruck entsteht.** ▶

Wer sagt denn, dass Badezimmermöbel immer glatt und glänzend sein müssen? Auch eine alte Werkbank kann gute Dienste als Waschtisch leisten. Zusammen mit den Waschbecken und den Armaturen aus Chrom erscheint dennoch alles neu und zeitgemäß.

◂ Die Duschwand aus Glasbausteinen erlaubt in diesem Mini-Badezimmer maximale Lichtausbeute und lässt das Bad größer erscheinen. Allein durch die reduzierte Kombination aus Weiß, Schwarz und Chrom entsteht **ein wahres Designer-Ambiente.**

Die stilvollen dunklen Wände strahlen dennoch Geborgenheit aus. Die niedrigen Sitzbänke aus Hartholz und die ungewöhnlichen Fliesen sorgen für das ultimative Luxusgefühl.

▲ Klein, aber fein – ob das auch fürs Bad gilt, darüber entscheidet häufig eine geschickte Aufteilung. Eine Wandschräge unter dem Dach bedeutet in der Regel Raumverlust. Wenn jedoch genau dort die Badewanne platziert wird, schlagen Sie zwei Fliegen mit einer Klappe: Der Raum wirkt größer, und Sie haben ein gemütliches Plätzchen zum Baden. Mit Blick in die Wolken!

TIPP:

Kaufen Sie eine Badewanne niemals nur nach Augenschein. Ein kurzer Test, ob Sie darin auch wirklich bequem liegen, gehört unbedingt dazu.

▲ **Ihr Bad ist einfach zu klein? Dann muss vielleicht ein anderes Zimmer (Gästezimmer oder Büro) geopfert werden, um das Bad zu vergrößern.** Oder Sie installieren noch eine „Nasszelle" im Haus. Die braucht nicht viel Platz: Ein paar Quadratmeter für eine Dusche und ein Waschbecken genügen. Auch als Gäste- oder Kinderbad eine sehr praktische Lösung.

▲ Badezimmer-Umbau plus! Wenn Sie eine Badewanne einbauen, bietet es sich an, den Wannenrand zu verlängern. Hier wurde die Einfassung einfach bis zur Stirnwand durchgezogen, sodass eine praktische Sitzbank inklusive Stauraum entstanden ist.

TIPP:

Für Oberflächen, die nicht direkt mit Wasser in Kontakt kommen, eignet sich einfache Dispersionsfarbe. An anderen Stellen verwenden Sie wasserfeste Farben – lassen Sie sich im Fachhandel beraten und halten Sie Ausschau nach ökologischen Malmitteln.

Es darf gemischt werden! Ebenso wenig wie in anderen Räumen brauchen Sie sich im Bad auf einen Stil zu beschränken. Die Hauptsache ist, dass Sie sich hier ganz zu Hause fühlen und entspannen können. Kombinieren Sie ruhig Ethno und Klassik, streng und verspielt. Das ist Ihre ganz persönliche Wellness-Oase!

Holz hat im Badezimmer nichts zu suchen? Das war einmal. Es gibt auch Holzsorten, die mit einer entsprechenden Verarbeitung und gutem Oberflächenschutz durchaus für Fußboden und Möbel im Bad geeignet sind. In dem Fall dürfen sogar die Wanneneinfassung und der Duschboden aus Holz sein.

Mit ausgesuchten Accessoires, Textilien und Naturstoffen können Sie die klinische Ausstrahlung eines von oben bis unten **gefliesten Badezimmers auflockern.**

07 Kinderzimmer

KUSCHELNEST, SPIELHÖHLE, TEENIEPARADIES ...
DAS KINDERZIMMER IST EIN VIELSEITIGER SPIEL-, SCHLAF- UND ARBEITSPLATZ, DER MIT DEN KINDERN WÄCHST. DENKEN SIE PRAKTISCH, **LASSEN SIE ABER AUCH DER FANTASIE FREIEN LAUF!**

Kinder **ganz groß**

▲ Wenn die Möbel die gesamte Kinderzeit begleiten sollen, entscheiden Sie sich für ein einfaches und klares Design, das Kindern wie Teenagern gefällt. Variieren Sie Farben, Bettwäsche und Accessoires, um das Zimmer dem Alter entsprechend zu gestalten.

Stauraum

- Spielt Ihr Kind noch gerne auf dem Fußboden? Dann **bringen Sie das Lieblingsspielzeug in Körben oder Kisten auf Rollen unter,** die einfach hin- und hergeschoben werden. Auch das Aufräumen ist so schnell erledigt.
- Motivieren Sie Ihr Kind dazu, selbst aufzuräumen. Geben Sie allen Sachen ihren festen und gut erkennbaren Platz und **machen Sie das Aufräumen zum Vergnügen:** Mit Kisten, die zu einem Turm gestapelt werden können, oder einem Korb, der über einen Flaschenzug unter die Zimmerdecke gezogen wird.
- Sehen Sie ein Wandbord oder ein **Schränkchen für all die kleinen Fundstücke** vor, die Kinder so gerne sammeln.
- Nicht vergessen: **Mit den Kindern wächst auch die Garderobe.** Um überquellende Kleiderschränke zu vermeiden, kaufen Sie am besten rechtzeitig einen Schrank, der für Kinder- und Jugendkleidung groß genug ist.

Wunschzettel Kinderzimmer

- ✔ Flexible Einrichtung, die mitwächst
- ✔ Ruhe zum Schlafen und Lernen
- ✔ Fantasie und spielerische Elemente
- ✔ Platz zum Herumtoben
- ✔ Eigener Stil (der Kinder!)
- ✔ Schnell ordentlich und pflegeleicht
- ✔ Sicherheit!

Vom Speicher zum Kinderparadies. Wenn die Rahmenbedingungen stimmen (Dachisolierung, viel Licht, stabiler Fußboden, sichere Treppe), können Sie mit dem Einrichten anfangen. Achten Sie darauf, dass möglichst viel Spielfläche bleibt. Im unteren Drittel der Dachschräge wird das gesamte Spielzeug optimal verstaut.

TIPP:

Eine helle, offene Grundausstattung mit ein paar Farbakzenten lässt für die Zukunft viel Gestaltungsspielraum.

◂ Machen Sie Ihrer Tochter eine Freude – Kleider anprobieren und Posieren macht vor einem großen Spiegel am meisten Spaß …

◀ Säuglinge hat man in den ersten Monaten am liebsten immer ganz in seiner Nähe. Ein abgetrennter Bereich des Schlafzimmers bietet Ruhe zum Schlafen oder Trinken. Ein hübscher Wandschirm reicht als Unterteilung aus.

Eine einfache Kommode dient erst als Wickeltisch, dann vielleicht als Spielzeugschrank und noch ein paar Jahre später dann als Kleiderschrank. Die Farbe lässt sich der jeweiligen Altersstufe anpassen, von sanftem Pastell über knallbunt bis zu einfarbig Rosa oder Weiß. ▶

◀ Lassen Sie die Kinder bei der Farbauswahl für ihr Zimmer mitreden. Schließlich ist es ihr eigenes kleines Reich. Um den Jüngsten die Entscheidung zu erleichtern, stellen Sie vier oder fünf Farben zur Wahl.

Kindermöbel dürfen schön bunt sein. Überraschende Kombinationen, starke Kontraste, ein lustiges Motiv ... probieren Sie alles aus! ▶

Selbst gebaut oder gekauft – welches Mädchen wäre mit so einem gemütlichen Bett nicht selig? **Eine gute Lösung, wenn sich zwei Kinder ein Zimmer teilen** und trotzdem ihren eigenen Bereich haben sollen. Andere Ideen für ein Zweierzimmer sind eine niedrige Zwischenwand, ein Kleiderschrank als Raumteiler oder einfach zwei verschiedene Wandfarben. ▶

Auch kleine Leute haben gerne ihren eigenen Platz zum Malen, Basteln und „Arbeiten". Das braucht noch kein richtiger Schreibtisch zu sein, ein einfaches Tischchen reicht aus. Vielleicht treiben Sie auch noch irgendwo eine charmante alte Schulbank auf. Jetzt noch ein Klecks Farbe – und fertig! Die Sets sind in Tafelfarbe aufgemalt.

Nicht alles im Kinder- oder Spielzimmer muss Kindergröße haben. Auch schöne Holzmöbel, die genauso gut in Ihrem Wohnzimmer stehen könnten, sehen prima aus. Zusammen mit den vielen farbigen und fröhlichen Kindersachen entsteht ein ausgeglichenes Gesamtbild. ▶

Beleuchtungstipps **Kinderzimmer**

- Das Kinderzimmer wächst meistens mit, vom Säugling oder Kleinkind bis zum Jugendalter. Planen Sie darum direkt genügend Steckdosen für Lampen und Geräte ein.
- Versehen Sie die Deckenbeleuchtung mit einem Dimmer, damit Sie die Lichtstärke problemlos von schummrig bis hell regeln können.
- Eine Leselampe am Bett ist zum Lesen und Vorlesen praktisch. Achten Sie bei der Auswahl auf die passende Größe und ein kindersicheres Modell.
- Hausaufgabenzeit: Eine gut eingestellte Schreibtischlampe, mit der die Augen nicht schnell ermüden, gehört dazu.
- Schläft Ihr Kind gerne mit einem Nachtlicht ein? Schließen Sie eine Zeitschaltuhr an, damit die Lampe nicht die ganze Nacht brennt.

10 21

Sie haben noch keine zündende Idee für das Kinderzimmer? Weiße Wände, einfache Möbel und ein paar kräftige Farbakzente auf einem Bild oder auf der Bettdecke sind oft schon genug.

In einem Zimmer, in dem man auch herumtoben kann, ist Langeweile ein Fremdwort. Eine Öffnung in der Wand zum Zimmer des Geschwisterkindes lässt sich nicht in jeder Wohnung realisieren. Aber vielleicht haben Sie eine Wand für ein Klettergerüst frei, oder die Decke ist hoch genug für eine Schaukel oder ein Seil? Wichtig für die Kletterpartie zu Hause: weiche Polster am Boden.

Stilvolle und kindgerechte Bauernkunst zum Selbermachen: Sie brauchen nur einen alten Bilderrahmen, ein Stück lustig gemusterten Stoff oder Tapete und ein halbiertes Plastiktier. **Wetten, dass die Juwelen ab jetzt immer an ihrem Platz hängen?** ▾

◀ Die rosa Periode ... fast alle Eltern von Mädchen müssen da durch. Die einfachste (und friedlichste) Art damit umzugehen ist Gelassenheit. Und wenn der Rest des Zimmers neutral weiß bleibt, kommen Blümchen und Bonbonrosa doch eigentlich sogar ganz gut zur Geltung.

Köfferchen in verschiedenen Größen sind **prima zum Verstauen von Kleinkram,** den Kinder gerne überall mit hinnehmen: Malzeug, Puppenkleider, Sammelbilder oder Sticker zum Tauschen ...

Es muss nicht immer Pu der Bär sein, auch Motive auf Retro-Tapeten können im Kinderzimmer sehr lustig aussehen.

Oben schlafen, unten spielen und lernen, so einfach kann Einrichten manchmal sein.

TIPP:

Bunte Wände lassen lichtarme Zimmer lebendiger wirken. ▶

◂ **Bekleben Sie einfache Blechdosen mit Fotos von den Kindern,** stapeln Sie sie aufeinander ... und fertig ist das aufgeräumte Kinderzimmer.

TIPP:

Wenn Ihr Kind seine eigenen Sachen sehr liebt, kleben Sie auf eine oder mehrere Dosen ihr oder sein Lieblingsfoto.

08
Die Praxis

MIT FARBE ZAUBERN, MIT TAPETE EXPERIMENTIEREN, MIT STICKERN UND SCHABLONEN DEKORIEREN: **SETZEN SIE IHRE FANTASIE EIN.** LASSEN SIE SICH VON DEN TRICKS UND BEISPIELEN AUF DEN FOLGENDEN SEITEN INSPIRIEREN UND VERWANDELN SIE IHRE VIER WÄNDE **MÜHELOS UND MIT VIEL SPASS.**

An die **Arbeit!**

Die Tricks der **Farbberater**

Mit Farbe lässt sich immer ein wenig zaubern. So ist es nicht schwer, in kurzer Zeit ein völlig neues Raumgefühl zu kreieren. Hier ein paar Basis-Tipps:

- **Dunkle Farben machen den Raum kleiner.** Wenn Sie eine Wand dunkelgrau oder braun streichen, lassen Sie die gegenüberliegende Wand hell.
- **Helle Töne wirken raumerweiternd.** Doch ein Zimmer ganz in Weiß oder in Pastellfarben kann sehr nüchtern wirken. Schaffen Sie ausreichende Gegengewichte durch die Materialien für Fußboden, Möbel und Accessoires.
- Wenn Sie den Raum in einer einzigen Farbe streichen möchten, **spielen Sie mit verschiedenen Schattierungen** (heller oder dunkler), um etwas mehr Spannung zu erzeugen.
- **Warme Farben bewegen sich auf uns zu,** kühle Farben weichen zurück.
- Verschiedene Farben in einem Raum passen am besten zusammen, wenn sie **denselben Tonwert oder dieselbe Intensität haben.**

Farben, die zu Ihnen passen

- **Farben für die Einrichtung auszuwählen, ist nicht immer einfach.** Die Farbe bestimmt den Stil und die ganze Atmosphäre eines Zimmers. Darum beeinflusst sie auch die Stimmung. Überlegen Sie sich also in Ruhe, welchen Effekt Sie in welchem Raum erzielen möchten.
- **Entscheiden Sie sich für eine Farbe,** die zu Ihrem Wohnstil passt und nicht unbedingt für eine aktuelle Trendfarbe. Denn Sie wollen sich zu Hause noch lange wohl fühlen – auch dann, wenn die Mode der kanariengelben Wände längst wieder vorbei ist ...
- **Suchen Sie die Inspiration für Ihre Farbpalette nicht nur in den Musterkatalogen.** Anregungen finden Sie auch bei Freunden oder im Restaurant, in Ihrem Lieblingsbild, in der Natur ...
- **Wenn Sie wissen, welche Farben zu Ihnen passen,** schauen Sie bei verschiedenen Herstellern nach den Tönen, die Ihrem Gefühl am nächsten kommen.
- Nicht nur die Wände sorgen für Farbe im Raum. **Auch Möbel, Stoffe, Accessoires und Gebrauchsgegenstände setzen Farbakzente.**
- **Farbe ist stark vom Lichteinfall abhängig.** Fragen Sie darum im Fachhandel nach einer Probe und testen Sie die Farbe an der entsprechenden Wand aus, und zwar bei Tageslicht und bei Kunstlicht.

Eigene Kreationen bringen Persönlichkeit ins Spiel. Ob Sie den Beispielen in Büchern oder Zeitschriften folgen oder sich selbst an Entwürfe wagen – das Ergebnis ist immer einzigartig und es macht einfach Spaß.

Ein alter Schrank wird mit etwas Farbe und einem hübschen Schrankpapier für innen ganz schnell wieder topaktuell. ▶

Selbstgemacht: Effekt garantiert!

Eine Sammlung alter Bilderrahmen mit und ohne Spiegel wird zum gelungenen Blickfang. Für einen harmonischen Gesamteindruck der unterschiedlichen Designs können Sie die Rahmen in verwandten Farbtönen besprühen. ▼

Faustregeln für Vintage und Eigenkreationen

- **Kombinieren Sie Vintage-Stücke und Eigenkreationen mit neuen Möbeln,** um für eine ausgewogene Balance zu sorgen.
- Wählen Sie alte Möbel sorgfältig aus und denken Sie auch an den Komfort: ein abgenutztes Sofa mit kaputten Federn wirkt **eher unordentlich als charmant** und ist zweifellos unbequem.
- Aber nicht alles muss in perfektem Zustand sein: **Dinge mit deutlichen Spuren haben meist eine spannende Geschichte.**
- Überlegen Sie genau, ob es sich lohnt, ein **Möbelstück restaurieren zu lassen,** und berücksichtigen Sie bei der Planung den Preis dafür.
- Lassen Sie **professionelle Restauratoren** Ihre Antiquitäten überarbeiten. Bei weniger wertvollen Stücken können Sie das selbst in die Hand nehmen.
- **Widmen Sie sich Ihren kreativen Projekten nach und nach.** Nichts ist so trostlos wie ein abgeschliffener Schrank, der noch auf Farbe wartet, oder eine kahle Gardinenstange, an der einmal die selbst gemachten Gardinen hängen sollen.

Ecken mit **Charme** und Atmosphäre

Tapeten feiern ihr Comeback, und die große Auswahl an Materialien, Farben und Motiven ist verführerisch – man möchte jeden Raum mit einem anderen hübschen Papier schmücken! Barocke Blumen im Flur, Naturfasern im Schlafzimmer und ein weicher Lederlook im Wohnzimmer ... Aber ebenso schnell wie sie „in" waren, können Tapeten auch wieder „out" sein, und außerdem bereiten nicht alle Dessins jahrelang Freude. Eine gute Überlegung ist es daher, nur ausgewählte Wände zu tapezieren. Setzen Sie Akzente mit gewagten Motiven, wählen Sie dafür aber am besten nur eine Wand oder eine Ecke des Zimmers und halten Sie den Rest eher neutral.

◂ Damit der Raum nicht übervoll erscheint, stellen Sie **keine hohen oder schweren Möbel vor ein lebhaftes Tapetenmuster.**

▲ Pflanzen tragen viel zur Behaglichkeit im Haus bei. Schenken Sie ihnen darum die Aufmerksamkeit, die sie verdienen: die richtige Umgebung, einen passenden Topf und entspannte Stimmung. Bedenken Sie, dass viele verschiedene Blumentöpfe, die kreuz und quer im Haus verteilt stehen, Unruhe ausstrahlen. Entscheiden Sie sich lieber für eine große, auffällige Pflanze mit Übertopf oder richten sie einen eigenen Pflanzenbereich ein, so kommt das Grün besser zur Geltung. Berücksichtigen Sie wie immer Ihren Einrichtungsstil und bedenken Sie, dass auch Vase und Pflanztopf entscheidend sind für die ästhetische Wirkung.

Flotter **Schmuck** für die Wand

Wandsticker gibt es in allen Größen und Sorten. Und sollte trotz dieses Angebots für den eigenen Geschmack nichts dabei sein, können Sie auf selbstklebende Folie zurückgreifen, die inzwischen auch in allen Farben und Motiven erhältlich ist.

- Nicht alle Oberflächen eignen sich gleichermaßen gut, aber im Prinzip **können Sie jede glatte, gerade und saubere Oberfläche mit Stickern dekorieren.** Ungleichmäßige und raue Wände sind allerdings hier nicht gefragt.
- **Wohin mit dem Sticker?** Probieren Sie verschiedene Stellen aus und befestigen Sie das Wandtattoo dabei mit leicht haftendem Klebeband. Erst wenn Sie den idealen Platz gefunden haben, ziehen Sie die Schutzfolie ab.
- Bei manchen Materialien (Laminat, Glas) **brauchen Sie den Sticker nur anfeuchten,** um ihn zu verschieben.
- Ziehen Sie niemals die ganze Schutzfolie auf einmal ab. **Beginnen Sie an einer Ecke oder am Rand** und arbeiten Sie sich dann nach unten vor.
- Arbeiten Sie mit ruhiger Hand und streichen Sie die Bläschen sofort von der Mitte zum Rand aus. Verwenden Sie dazu ein weiches Tuch.
- **Es gibt wiederverwendbare Sticker,** die sich sehr leicht entfernen lassen. Bei den anderen braucht es etwas Geduld und es können Klebereste zurückbleiben.

Schablonen können Sie fertig kaufen oder **aus fester Pappe oder Kunststoff selbst herstellen.**

Keine Lust zu streichen oder zu tapezieren? Mit Schablonen, Stickern und selbstklebender Folie geben Sie Ihren Wänden trotzdem einen rundum neuen Look.

Schablonen

Schablonieren in 5 Schritten:

- Sorgen Sie für einen **glatten und sauberen Untergrund.**
- Befestigen Sie die **Schablone mit Sprühkleber oder Malerkrepp.**
- Tragen Sie die Farbe (am besten matte Acrylfarbe) mit einem **Schablonierpinsel oder einer Rolle** auf, oder verwenden Sie eine Sprühdose.
- Nehmen Sie nicht zu viel Farbe auf einmal auf, sondern arbeiten Sie schichtweise. **Testen Sie die Wirkung zuerst auf einem Stück Pappe.**
- Nehmen Sie die Schablone vorsichtig ab und lassen Sie die Farbe trocknen. **Reinigen Sie die Schablone gut,** bevor Sie sie erneut auflegen.

Meine Notizen

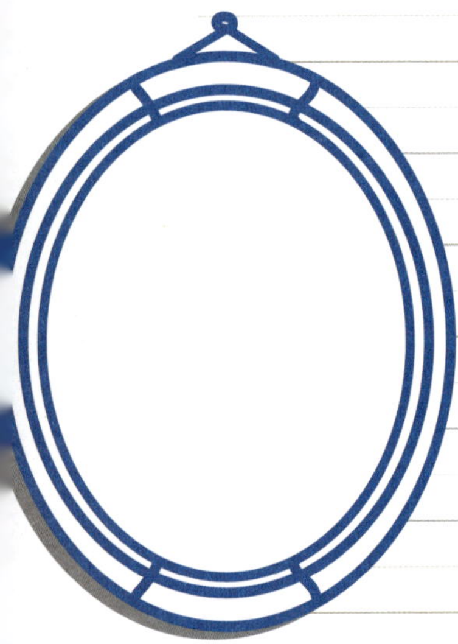

Meine Planung

Meine Notizen

Meine Planung

Meine Notizen

Meine Planung

Meine Notizen

Meine Planung

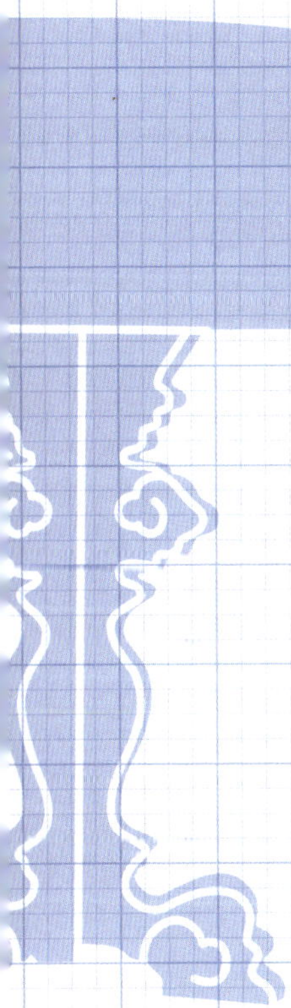

Meine Notizen

Meine Planung

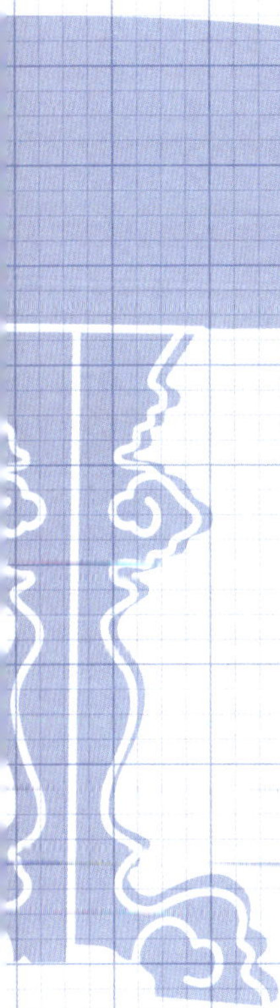

Meine Notizen

Meine Planung